10分
つまみ

グー先生こと
林 幸子
Yukiko Hayashi

宝島社

10分つまみ 早ワザの極意

酒呑みがうなる本格的な味が すべて10分以内で作れる!!

居酒屋で出てくるような本格的なつまみから、定番人気のつまみまで、全部10分以内で完成！100レシピあるので毎晩使える!!

スピードテク＆ おいしいワザが満載！

"ワザあり！"のコラムや料理名の上に、早くおいしく作るコツをご紹介！ 素材のアレンジ例も入っているのでチェックしてみて。

ワザあり！ ココに注目！

1分で完成する つまみが46品も！

のっけるだけ、あえるだけなど、チャチャッと作れる特急つまみが勢ぞろい。なにか1品足りないときに重宝すること請け合い！

P38の「みそバター肉じゃが」

10分 つまみ

例えばこの3品…

酒にもごはんにも合う！
10分で3品献立も
楽勝!!

10分、5分、1分で作れるつまみを上手に組み合わせれば、10分で3品作ることも可能。肉、魚、野菜とバランスよく3品を選び、ダンドリ上手のつまみ名人をめざそう！

0分	**スタート**　「みそバター肉じゃが」を作る。
1分	❶ 肉と野菜を切る（2〜3分で下ごしらえ）。
2分	❷ 肉と野菜を炒め、調味料を加えて**7〜8分煮る**。
3分	
4分	**煮ている間に…**　「サクサクあじの洋風なめろう」を作る。　❶ 魚と薬味を全部一緒にざく切りにする。
5分	
6分	
7分	❷ 砕いたクラッカーを散らす。
8分	
9分	**5分つまみ完成後に…**　「スナップえんどうの釜揚げ」を作る。
10分	❶ 野菜をゆでて、チーズをふる。　「みそバター肉じゃが」が煮上がる

10分でカンパ〜イ！

P59の「サクサクあじの洋風なめろう」

5分 つまみ

1分 つまみ

P91の「スナップえんどうの釜揚げ」

10分つまみ お品書き

10分つまみ　早ワザの極意……………02
レシピ表記について…………………06

☪ 第一夜
リピート必至！ 人気のつまみ

カリカリ手羽先のおかかまぶし ………08
スピードから揚げ………………………10
折りたたみ餃子…………………………12
スピード牛煮込み………………………13
鶏つくねの照り焼き……………………14
豚しゃぶと小松菜の辛子酢みそがけ…15
鮭コーンのチーズ焼き…………………16
えびフライよりリッチなえびカツ……18
3種の刺身の手巻きずし風……………20
さばのにんにく竜田揚げ………………22
あじのたたきカルパッチョ……………24
薬味たっぷり！ 大人の蒸しなす……25
温泉卵のホットポテサラ………………26
アツアツきのこの冷やっこ……………28
なんちゃって本格キムチ………………29

☪ 第二夜
がっつり呑める！ 肉のつまみ

お手軽ポン酢豚…………………………31
豚肉の串焼き……………………………32
豚肉の梅じそひと口カツ………………34
豚バラのドーム蒸し……………………36
みそバター肉じゃが……………………38
ゴーヤの肉詰めレンジグラタン………39
手羽先のピリ辛あえ……………………40
ゆで鶏と野菜のバジルソースあえ……42
鶏肉とわかめの梅煮……………………44
牛肉とアスパラのスパイシー焼き……45
のり＆鮭の牛巻き天ぷら………………46
づけ牛の炙り焼き………………………48
ひき肉ステーキのチーズソース………49
牛肉のねぎ巻き変わり揚げ……………50
レバーの白ワイン煮……………………51
炙りビーフのサンドイッチ……………52
スパムとパイナップルの天ぷら………54
チリベーコン……………………………55

最強の1分つまみ
チーズウインナー………………………56
コンビーフカナッペ……………………56
サラちくグラタン………………………57
ブルーチーズとりんごの生ハム巻き…57
砂肝と長いものマスタードあえ………57

第三夜
アイデア満載！魚介のつまみ

サクサクあじの洋風なめろう……59
かつおナゲット……60
海鮮とアスパラの辛子酢みそあえ……62
焼きみそマヨぶり……64
づけ帆立のチヂミサンド……66
かきと春菊のみそグラタン……67
とろろたこ焼き……68
あじの干物とねぎのごまあえ……70
いくらの変わりおろし……71
いかの丸ごとチーズ蒸し……72

最強の1分つまみ

うにとろろ……74
鯛巻きりんご……74
生帆立の塩こうじあえ……75
ピリ辛マヨまぐろ……75
ん!? 金目鯛の握りずし？……75
いかとアボカドの香り塩……76
なんちゃって塩辛……76
ほたるいかのにんにく油あえ……77
炒り小柱の木の芽まぶし……77
めんたいアボカドディップ……78
かにかまとオクラのマヨおかか……78
セレブなちーかま……79
はんぺんのチーズのりサンド……79

第四夜
旬を丸かじり！野菜のつまみ

大人タラモサラダ……81
せん切りレタスののり巻き……82
変わりゴーヤチャンプルー……84
トマトと卵の煮込み……86
れんこんとごぼうの和風サラダ……88
ほうれん草のしょうがびたし……89

最強の1分つまみ

たけのこのみそ焼き……90
ゆで絹さやのバター風味……90
スナップえんどうの釜揚げ……91
わかめのピリ辛おかか炒め……91
きゅうりとモッツァレラのごまよごし……92
きゅうりの小魚アーモンドあえ……92
オクラとめかぶのスタミナ小鉢……93
なすのアンチョビあえ……93
みょうがの柚子みそ焼き……93
大根の梅カクテキ……94
大根のおかかサンド……94
かぶの梅みそ添え……95
ピリ辛じゃこ白菜……95
スパイシーベジタブル……96
二度づけ禁止キャベツ……96
セロリとトマトのヨーグルトディップ……97
韓国風焼きのり……97
れんこんのわさび漬けサンド……97

🌙 第五夜
卵、豆腐、チーズのつまみ

- 台湾風オムレツ……99
- 黄身おろしのっけ冷やっこ……100
- 豆腐のフライ 酢みそ添え……102
- 湯葉とねぎのチーズしゃぶしゃぶ……104
- オニオンチーズロール……106

最強の1分つまみ

- チーズと洋なしのカナッペ……108
- クリームチーズのポテチディップ……108
- モッツァレラの生ゆば巻き……109
- モッツァレラのうに塩あえ……109
- もずくのスクランブルエッグ……109
- ソースラスク……110
- たらことオリーブのブルスケッタ……110
- えびせん白あえ……111
- 青のりとろろの塩辛やっこ……111
- 油揚げのマヨじょうゆ焼き……111

レシピ表記について

※電子レンジの加熱時間は、出力600Wの電子レンジを使用した場合の目安です。500Wの場合は加熱時間を約20%増、700Wの場合は約20%減に換算して調整してください。機種により多少異なる場合があります。
※材料表にあるだし汁、スープなどは、市販のインスタントだしを表示に従って湯に溶かしたもので代用できます。
※材料表にあるだし汁は、基本的にかつおと昆布でとっただし汁を使用しています。
※しょうゆは基本的に濃い口しょうゆを使用しています。
※小麦粉は基本的に薄力小麦粉を使用しています。
※1カップは200ml、大さじ1は15ml、小さじ1は5mlです。
※調理時間はあくまで目安です。時間が前後することもあります。

第一夜

＼リピート必至！／
人気のつまみ

この章では、スピードつまみの傑作、BEST15をご紹介!!
から揚げや餃子、つくねなど、居酒屋の人気つまみも10分以内で作れ、
しかも酒にばっちり合う味つけの工夫やコツが満載です！

おかかのうまみが
じんわり広がる
和のつまみ

かつお節をまぶすだけで、鶏がぐんとうまくなる！
カリッと香ばしく、ビールがぐいぐい呑める味♪

カリカリ手羽先のおかかまぶし

調理時間 10分

【材料】(2人分)

手羽先…4本
A | 削りがつお
　　…1パック(3g)
　　粉山椒…小さじ1/4
　　塩…小さじ1/2

【作り方】

1. フライパンに手羽先を並べて火にかける。フライ返しでぎゅっと押さえ、全体にこんがり焼き色がつくまで両面を焼く。
2. ビニール袋にAを入れ、袋の外からもみつぶして粉状にする。
3. 手羽先に②をまぶす。

ワザあり！

手羽先の浮いているところをフライ返しで押さえながら焼こう。焼きムラが防げて、まんべんなくカリッカリに焼け、焼き時間の短縮にもなる！手羽先からほどよく脂が出てきて、こんがりおいしそうな焼き色がついたらOK！

\ビールが進む！/
つまみの
スター選手

漬け込み不要の"もみワザ"で
早くてうまい、絶品から揚げの完成！

スピードから揚げ

調理時間 **10** 分

【材料】(2人分)

鶏もも肉…1枚
A｜酒…小さじ2
　｜砂糖…小さじ1/2
　｜しょうがのしぼり汁…小さじ1/2
B｜片栗粉…大さじ2
　｜溶き卵…大さじ1
　｜しょうゆ…小さじ2
　｜塩…小さじ1/4
揚げ油…適量

【作り方】

① 鶏肉は6〜8等分に、大きめに切る。
② ボウルにAを合わせ、①を入れて両手でもむ。Bを加えてさらにもむ。
③ 170〜180℃に熱した揚げ油で②を揚げる。箸で持ってみて、軽く感じたら揚げ上がり。

ワザあり！

下味がつくまで普通だったら10〜15分かかるもの。両手で肉をはね上げ、落とすような勢いで躍らせるようにもむと、20〜30秒と短時間でしっかり味がしみる。

人気つまみ　リピート必至！　人気のつまみ

包まずに、皮で挟むだけのクイック餃子

折りたたみ餃子

調理時間 **10**分

【材料】(2人分)

もやし…50g(1カップ)
ミックスチーズ…40g
豚ひき肉…100g
A│ しょうゆ…大さじ1
　│ ごま油…大さじ1
　│ 塩、こしょう…各少々
餃子の皮…10枚
ごま油…適量

【作り方】

① もやしとチーズはみじん切りにし、ひき肉、Aと混ぜ合わせる。
② 肉だねを10等分にして餃子の皮の中央にのせ、指で左右にのばす。半分に折りたたみ、軽く押して厚みを平らにととのえる。
③ フライパンにごま油を熱して②を並べ、ふたをして蒸し焼きにする。ヘラで軽く押して平らにならし、両面をこんがり焼く。

居酒屋の人気メニューをお手軽アレンジ
スピード牛煮込み

調理時間 **10**分

【材料】(2人分)

こんにゃく…150g
長ねぎ…10cm
牛ひき肉…150g
サラダ油…大さじ1
A ┃ だし汁…50ml
　┃ 酒…大さじ3
　┃ しょうゆ…大さじ2 1/2
　┃ 砂糖…大さじ2
七味唐辛子…適量

【作り方】

1. こんにゃくは1〜2cm長さの細切りにし、長ねぎは小口切りにする。
2. 鍋にサラダ油を熱してこんにゃく、ひき肉の順に炒める。
3. ひき肉がばらばらになったらAを加え、強火で約5分、汁気がなくなるまで煮詰める。器に盛り、長ねぎと七味唐辛子をふる。

人気つまみ リピート必至！ 人気のつまみ

とろろ入りで、ふわふわモッチリ！

鶏つくねの照り焼き

調理時間 **10**分

【材料】(2人分)

やまといも…50g
鶏ひき肉…150g
A 淡口しょうゆ…小さじ1
　片栗粉…大さじ1
サラダ油…大さじ1
グリーンアスパラガス…2本
B 水…大さじ1
　みりん…大さじ1
　しょうゆ…大さじ1
七味唐辛子…適量

【作り方】

1. やまといもはすりおろしてひき肉、Aと合わせ、ダマをつぶしながら手で混ぜる。
2. フライパンにサラダ油を熱する。①を8等分にして、水でぬらした2本のスプーンで丸めながら落とし入れて焼く。
3. アスパラは3cm長さに切る。②を裏返し、アスパラを加えてさらに焼く。火が通ったらBを加え、フライパンをざっとゆらしてからめる。煮詰まったら七味をふる。

すっぱ辛くてコクもある、おつまみしゃぶしゃぶ

豚しゃぶと小松菜の辛子酢みそがけ

調理時間 5分

人気つまみ

リピート必至！ 人気のつまみ

【材料】(2人分)

豚薄切り肉(しゃぶしゃぶ用)…120g
小松菜…1/2わ
A│白みそ…大さじ3
　│砂糖…大さじ1
　│酢…大さじ1
　│練り辛子…小さじ1
塩…少々

【作り方】

❶ 豚肉は手でちぎり、小松菜は4cm長さに切る。Aは混ぜ合わせる。

❷ 鍋に湯を沸騰させて塩を加え、小松菜を入れる。すぐに豚肉も入れ、菜箸で手早くほぐす。

❸ 肉に火が通ったらザルに上げ、水気をきって器に盛る。熱いうちにAをかけ、ざっとからめる。

焼けたチーズの
香ばしさが
ビールを呼ぶ♪

人気つまみ / リピート必至！ 人気のつまみ

ぷちっと甘いコーンが弾ける
リッチなおやき風

鮭コーンのチーズ焼き

調理時間 **10** 分

【材料】(2人分)

生鮭…2切れ
スイートコーン(ホール)缶…1/2缶(約130g)
パセリの葉…小1枝分
A｜小麦粉…大さじ6
　｜溶き卵…1個分
ミックスチーズ…60g
塩、こしょう…各少々
サラダ油…大さじ1

【作り方】

① 鮭は皮を除いて2～3cm角に切る。コーン缶は水気をしっかりきる。パセリはちぎる。
② A はダマをつぶしながら、手でなめらかになるまで混ぜ合わせる。①、チーズを加えて手で丁寧に混ぜ、塩、こしょうする。
③ フライパンにサラダ油を熱し、②をスプーンですくってひと口分ずつ落とし入れる。両面を色よくカリッと焼く。

ワザあり！

夏だったら、旬のとうもろこし（1本分）を使うとよりおいしい！　とうもろこしは長さを半分に切って垂直に立てて置き、包丁で粒を切り落とそう。

外はさっくり
中はプリプリ！

**えびをだんごにして揚げるから
大えびのフライにも負けない贅沢な味に！**

えびフライよりリッチな えびカツ

調理時間 **10** 分

【材料】(2人分)

えび…150～160g(10～12尾)
青じそ…5枚
A｜小麦粉…大さじ2
　｜水…大さじ1
塩、こしょう…各適量
生パン粉、揚げ油…各適量
好みでレモン…適量

【作り方】

1. えびは殻と背ワタを取り除き、麺棒で粗くつぶすように叩く。しそは粗みじん切りにする。
2. ボウルにAを合わせ、のり状になるまで手で混ぜる。①を加えて塩、こしょうし、もみ混ぜる。
3. ②を4等分してパン粉をたっぷりまぶす。おむすびのように両手できゅっと握って衣を密着させ、ペタンと平らな小判形にととのえる。
4. フライパンに揚げ油を1cm深さまで注いで170～180℃に熱する。③を入れ、きつね色になったら返して両面をカリッと焼く。好みでレモンを添える。

ワザあり！

えびは切らずに叩くことで粘りが出るため、卵なしでもパン粉がつく。あまり叩きすぎず、プリプリした食感をキープしよう。えびだねを2等分にして、大きく揚げてもおいしい。

リピート必至！ 人気のつまみ

スプラウトの
シャキシャキ感が
たまらない〜

いつもの刺身をグレードアップ！
みんなで作って楽しみながら味わって

3種の刺身の手巻きずし風

調理時間 **5**分

【材料】(2人分)

スプラウト(ブロッコリー)…2パック
焼きのり(約9×6cm)…12枚

- A
  - いか(刺身)…50g
  - マヨネーズ…小さじ1
  - 柚子こしょう…小さじ1/2
- B
  - まぐろのすき身…50g
  - 七味唐辛子…少々
  - 塩…少々
- C
  - いわしの刺身(細切り)…50g
  - しょうゆ…小さじ1
  - 練り辛子…少々

【作り方】

1. スプラウトは根元を持ち、水を張ったボウルに逆さに浸してふり洗いする。水気をきって根元を切り落とす。
2. A、B、Cはそれぞれ混ぜ合わせる。①、のりとともに器に盛る。
3. 各自、のりにA、B、Cをそれぞれのせて巻いて食べる。

ワザあり！

最後の仕上げは食卓で。のりにスプラウトと好みの刺身をのせて手巻きにして食べれば、調理時間が大幅短縮。しかも楽しくておいしい！

さばの代わりに
鶏胸肉や豚薄切り肉を
サクッと揚げても!

にんにくを挟んで揚げる、大人の竜田揚げ。
柚子こしょうの辛みもクセになる！

さばのにんにく竜田揚げ

調理時間 **10** 分

【材料】(2人分)

さば…半身
にんにく…1～2かけ
柚子こしょう…適量
A｜しょうゆ…大さじ1
　｜みりん…大さじ1/2
片栗粉…適量
揚げ油…適量

【作り方】

❶ さばは2cm厚さに切り、中央に切り込みを入れる。にんにくはできるだけ薄切りにする。

❷ さばの切り込みの内側に柚子こしょうをぬり、1切れに対してにんにく2枚を挟む。

❸ さばにAをからめ、片栗粉をまぶす。180℃に熱した揚げ油で、表面の色が変わるまでカラリと揚げる。

ワザあり！

さばの切り込みに薬味を挟むことで、ぐっと酒に合う味に変貌。柚子こしょうはたっぷりぬるのがおすすめ！　また、片栗粉もたっぷりまぶした方がキレイに揚がる。

人気つまみ リピート必至！ 人気のつまみ

梅&トマトの爽やかソースが絶品!

あじのたたきカルパッチョ

調理時間 **10** 分

【材料】(2人分)

あじ(刺身用)…2尾分
塩…少々
トマト…1個
梅干し…1〜2個
炒り白ごま…大さじ1/2
青じそ…5枚
焼きのり…1/2〜1枚

【作り方】

① あじは皮をむき、血合いと骨を除く。1cm角に切って器に敷き詰め、軽く塩をふる。
② トマトと種を取った梅干しはミキサーにかけてなめらかにする。
③ あじはペーパータオルをのせて手でぽんぽんと押さえ、水気を取る。②の梅トマトソースをかけ、ごま、ちぎったしそとのりを散らす。

アツアツのままでも、ひんやり冷やしてもおいしい

薬味たっぷり！大人の蒸しなす

調理時間 5分

【材料】(2人分)

なす…2本
酒…大さじ1/2
万能ねぎ…2本
しょうが…10g
すり白ごま…大さじ1
ポン酢しょうゆ…大さじ2

【作り方】

① なすはヘタを切り落とし、お尻に十文字の切り込みを入れる。
② 耐熱皿になすを入れ、酒をふってラップをぴったりかける。電子レンジで3分30秒〜4分加熱する。
③ 万能ねぎとしょうがはみじん切りにし、ごま、ポン酢と合わせる。
④ 菜箸を1本ずつ両手に持ち、なすを食べやすい大きさに割く。器に盛り、なすが熱いうちに③をかける。

人気つまみ

リピート必至！ 人気のつまみ

いんげんやアスパラなど
好きな野菜を入れてもOK！

**小さく切って、ゆで時間を大幅短縮！
ゆでている間にドレッシングを作ろう**

温泉卵のホットポテサラ

調理時間 **10** 分

【材料】(2人分)

じゃがいも…2個
ブロッコリー…1/4株
粗びきソーセージ…4本
A│温泉卵…1個
　│酢…大さじ1/2
　│サラダ油…大さじ1/2
　│塩…小さじ1/3〜1/2
　│こしょう…少々

【作り方】

1. じゃがいもは1〜2cm角に切り、鍋にたっぷりの水を入れてゆでる。
2. ブロッコリーは小房に分け、ソーセージは2cm長さに切る。じゃがいもがやわらかくなったら、ブロッコリーとソーセージも加えてさっとゆで、全部ザルに上げてしっかり水気をきる。
3. ボウルにAを合わせ、②がアツアツのうちに加える。スプーンの背などでじゃがいもを粗くつぶしながら混ぜる。

ワザあり！

マヨネーズの代わりに温泉卵を入れれば、深みとうまみがUP！ 定番料理のポテサラは、マンネリにならないようアレンジして楽しもう♪

人気つまみ　リピート必至！　人気のつまみ

熱×冷の温度差が楽しい！　バターが香るピリ辛やっこ

アツアツきのこの冷やっこ

調理時間 **5**分

【材料】(2人分)

マッシュルーム…6個
にんにく…1かけ
バター…大さじ2
豆板醤…小さじ1/2
しょうゆ…大さじ1
絹ごし豆腐…1丁(300g)

【作り方】

1. マッシュルームは薄切りに、にんにくはみじん切りにする。
2. フライパンにバターと豆板醤を入れて熱し、焦げないように炒める。にんにく、マッシュルームを加え、強火で一気に炒める。きのこの香りがしてきたらしょうゆをまわしかける。
3. 器に豆腐を切らずに盛り、②をかける。各自、スプーンなどでぐしゃっとつぶしながら混ぜ、アツアツのうちに食べる。

漬け込み不要！　唐辛子は香りのよい韓国産がおすすめ

なんちゃって本格キムチ

調理時間 **10** 分

人気つまみ

リピート必至！　人気のつまみ

【材料】(2人分)

きゅうり…1本
塩…少々
にんにく…2かけ
りんご…1/4個
しょうが…20g
長ねぎ…1/8本
青じそ…20枚

A　すり白ごま…大さじ2
　　しょうゆ…50ml
　　ごま油…50ml
　　粉唐辛子…大さじ3
　　塩…大さじ1/2

【作り方】

1. きゅうりはしま状に皮をむき、斜め切りにして塩をふる。
2. にんにくは半量をみじん切りに、残りの半量とりんごはすりおろす。しょうがはせん切りに、長ねぎは縦半分に切って斜めせん切りにする。
3. ビニール袋に②、Aを入れて混ぜ、①、しそ（切らない）を加えて混ぜる。軽く体重をかけてぎゅっと押さえて完成。

第二夜

\がっつり呑める！/
肉のつまみ

酒宴の主役になり、胃も心も満足できるボリューム満点の肉つまみ。
豚、鶏、牛肉を使って、和洋中バラエティ豊かにご紹介！
ベーコンやコンビーフなど、手軽な肉加工品も活躍します。

低温の油で煮るように揚げるから、肉がやわらか!

お手軽ポン酢豚

調理時間 10分

【材料】(2人分)

豚肩ロース肉(酢豚用)…160g
ピーマン…2個
玉ねぎ…1/2個
揚げ油…適量
A
- ポン酢しょうゆ…大さじ4
- 砂糖…大さじ1/2
- 水…大さじ2
- 片栗粉…大さじ1/2

【作り方】

1. 豚肉は2cm弱の角切りに、ピーマンと玉ねぎは小さめのひと口大に切る。
2. フライパンに揚げ油を1cm深さまで注いで120～140℃に熱し(油がパチパチはねないぐらい)、豚肉の両面を揚げる。肉の色が変わったらピーマンと玉ねぎも加え、菜箸でぐるぐる混ぜながら全体に火を通す。
3. ボウルにザルをのせ、2をざっとあけて油をきる。
4. 同じフライパンにAを合わせ、フライパンをゆすりながら火にかける。ツヤが出て透き通ってきたら3を加えてからめる。

肉

がっつり呑める! 肉のつまみ

バラ肉で
作っても
おいしいよ

切らずに塊のまま焼くことで肉汁がキープでき
口中いっぱいにジューシーなうまみがあふれる！

豚肉の串焼き

調理時間 **10**分

【材料】(2人分)

豚ロース肉（とんかつ用）…200g
青じそ…20枚
塩…少々
サラダ油…大さじ1/2
A | 黒酢（または米酢）…大さじ1
　 | しょうゆ…大さじ1
　 | 砂糖…小さじ1

【作り方】

① 豚肉は縦2cm幅に長く切る。肉を揃えて元の形にととのえる。
② しそは2枚重ねにして4〜5つ折りにする。肉と肉の間に挟み、肉同士がくっつくよう、ぎゅっと押さえる。竹串を5本打って塩をふる。
③ フライパンにサラダ油を熱し、②の両面をじっくり焼く。裏返したらフライ返しで押さえ、そり返ってくる端の方まできっちり火を通す。ふたをして蒸し焼きにする。
④ 串と串の間を包丁で切り離す。混ぜ合わせたAにつけて食べる。

ワザあり！

肉はまな板に置き、形がくずれないように片手で肉を押さえつつ、あまり力を入れずにスーッと串を刺そう。

ころころかわいい
プチカツ

食欲をそそる梅の酸味でカツも爽やかに。
冷めてもおいしく、手でつまんで食べても！

豚肉の梅じそひと口カツ

調理時間 **10**分

【材料】(2人分)

梅干し…大4個
青じそ…20枚
豚肩ロース肉(薄切り)…12枚
小麦粉、溶き卵、生パン粉…各適量
揚げ油…適量

【作り方】

1. 梅干しは種を除いて細かく叩く。しそはみじん切りにして梅肉と混ぜ合わせ、12等分する。
2. まな板に豚肉を広げ、①を指でまんべんなくぬる。梅じそを内側にして肉をくしゃっと丸める。
3. 小麦粉、溶き卵、パン粉を順につけ、180℃に熱した揚げ油で色よく揚げる。パチパチと夕立のような音がしてきたら揚げ上がり。

ワザあり！

肉に梅じそをぬったら両端をたたみ、くしゃっと丸めておむすびのように握ろう。揚げている間に梅じそが流れてしまわないよう、肉をしっかり巻き込むのがコツ。

がっつり呑める！ 肉のつまみ

包丁いらずの
お手軽
クッキング

肉は少量でもドームにすればボリューミー
にらやせん切りキャベツを加えてもおいしい

豚バラのドーム蒸し

調理時間 **10**分

【材料】(2人分)

豚バラ肉(しゃぶしゃぶ用)…100g
もやし…1/2袋
A | 練り黒ごま…大さじ1
　 | しょうゆ…大さじ1
　 | ラー油…小さじ1/2
　 | 水…大さじ1

【作り方】

1. 2つの茶碗にラップを敷き、それぞれ豚肉が重ならないように並べる。
2. もやしは手で軽く握り、パキパキ折って①にのせる。茶碗からはみ出た部分の豚肉は内側に折りたたむ。ラップをふんわりかけ、手で軽く押さえてもやしの隙間の空気を抜く。電子レンジで4分加熱する。
3. ラップを外して平らな皿をかぶせ、ひっくり返す。混ぜ合わせた A をかける。

ワザあり!

茶碗に放射状に肉を置いてドームの屋根を作ろう。加熱すると肉が縮むので、茶碗にぴったり貼りつけず、少し余裕をもってふわっと置くように並べるのがポイント。

がっつり呑める！ 肉のつまみ

バターのコクとみその甘みでこっくりおいしい♪

みそバター肉じゃが

調理時間 **10** 分

【材料】(2人分)

豚肩ロース肉(薄切り)…150g
酒…少々
じゃがいも…2個
玉ねぎ…1/2個
絹さや…8枚
バター…大さじ1
A
　水…大さじ4
　酒…大さじ1
　みそ…大さじ1〜1 1/2
　砂糖…大さじ1/2

【作り方】

1. 豚肉は3〜4cm長さに切って酒をふる。じゃがいもは8〜12等分に、玉ねぎは1cm幅のくし形切りに、絹さやは筋を除いて斜め半分に切る。
2. フライパンを熱してバターを溶かし、豚肉を炒める。ほぐしながらしっかり炒め、じゃがいもと玉ねぎを加える。
3. 混ぜ合わせたAを加えてふたをし、汁気がなくなるまで7〜8分蒸し煮にする。絹さやを加えてさっと煮る。

ゴーヤの苦味がビールを誘う、夏のお手軽グラタン
ゴーヤの肉詰めレンジグラタン

調理時間 **10**分

肉 がっつり呑める！肉のつまみ

【材料】(2人分)

ゴーヤ(苦瓜)…小1本
A｜豚ひき肉…80g
　｜ホワイトソース(市販品)…大さじ3
　｜塩、こしょう…各少々
ミートソース(市販品)…100ml

【作り方】

1. ゴーヤは2cm幅の輪切りにし、包丁でワタをくり抜く。たっぷりの水にさらす。
2. Aは混ぜ合わせる。
3. 耐熱皿にゴーヤを並べ、穴にAを詰める。ミートソースをかけ、ラップをかけて電子レンジで6分加熱する。

手づかみで
豪快に
かぶりつこう！

**皮から出てきた脂で揚げるように焼くから
パリッと香ばしい！ 鶏もも肉で作ってもOK！**

手羽先のピリ辛あえ

調理時間 **10**分

【材料】(2人分)

にんにくの芽…1束
鶏手羽先…4本
A│おろしにんにく…小さじ1/2
　│ザーサイのみじん切り…大さじ1
　│甜麺醤(テンメンジャン)…大さじ1
　│豆板醤…小さじ1/2
　│しょうゆ…小さじ1

【作り方】

① にんにくの芽は3〜4cm長さに切る。
② フライパンに手羽先を並べて火にかける。フライ返しでぎゅっと押さえ、全体にこんがり焼き色がつくまで両面を焼く。①を加えてざっと炒める。
③ ボウルに A を混ぜ合わせ、②をからめる。

ワザあり！

手羽先の浮いているところをフライ返しで押さえながら焼こう。甜麺醤は中華調味料のひとつで、少し甘味のあるみそ。ない場合はみそに少量の砂糖を混ぜて代用してみて。

肉 / がっつり呑める！ 肉のつまみ

オムレツの具
にしても
おいしいよ!

爽やかなハーブの香りとチーズのコク。キンと冷やしたワインと一緒に楽しんで

ゆで鶏と野菜のバジルソースあえ

調理時間 **10**分

【材料】(2人分)

鶏胸肉(皮なし)…1枚
セロリ…1/2本
パプリカ(黄)…1/2個
ズッキーニ…1/2本
塩…適量
バジル(生)…6枚
A | にんにく…1/4かけ
　| 松の実…大さじ2
　| パルメザンチーズ(粉)…30g
オリーブ油…大さじ2

【作り方】

1. 鶏肉と野菜は1.5cm角に切る。
2. 熱湯で野菜を塩ゆでし、水気をきる。同じ湯で鶏肉もゆで、水気をきる。
3. バジルは粗みじん切りにしてからすり鉢でする。Aを加え、すりこ木で叩くようにつぶす。粘りが出てきたら塩小さじ1/3と、オリーブ油を2回に分けて加えて混ぜ、②をあえる。

ワザあり!

フードプロセッサーを使わず、すりこ木ですることで、香りがぐんと立ち上る。細かくすりすぎず、少し食感を残すぐらいがおいしい。また、松の実がなければ、くるみやアーモンドを入れてみて。

がっつり呑める! 肉のつまみ

鶏のうまみがじんわりしみ出た煮汁が絶品！

鶏肉とわかめの梅煮

調理時間 **10**分

【材料】(2人分)

鶏もも肉…1枚
わかめ（塩蔵）…30g
酒…100ml
水…200ml
梅干し…大2〜3個
しょうゆ…少々
水溶き片栗粉…適量

【作り方】

① 鶏肉は6〜8等分に切り、わかめは洗って4〜5cm長さに切る。
② フライパンに鶏肉の皮を下にして並べ、火にかける。出てきた脂はペーパータオルでふき取る。
③ 皮に焼き色がついたら酒を加え、アルコールを飛ばす。水、梅干しをちぎって加え、ふたをして2〜3分煮る。
④ わかめを加え、味見をしてからしょうゆで味をととのえる。さらに2〜3分煮て、水溶き片栗粉でとろみをつける。

肉

がっつり呑める！ 肉のつまみ

刺激的な辛さがクセになる！ 豪快に頬張って

牛肉とアスパラの
スパイシー焼き

調理時間 **10**分

【材料】(2人分)

グリーンアスパラガス…4本
牛薄切り肉…150g
A
- 豆板醤…小さじ1
- しょうゆ…小さじ1
- カレー粉…小さじ1
- 粉山椒…小さじ1/4
- 塩…小さじ1/4強
- こしょう…少々

【作り方】

1. アスパラはラップに包んで電子レンジで1〜2分加熱する。根元の固い部分は切り落とす。Aは混ぜ合わせる。
2. まな板に牛肉を広げて並べ、肉の手前2/3量までAをぬる。アスパラを穂先が少し飛び出るぐらいに肉の手前に置き、クルクルと巻きつける。
3. オーブントースターで5〜6分焼く。

冷蔵庫に眠っている
ふりかけや梅干しを
ぬってもうまい！

のり＆鮭の牛巻き天ぷら

"ごはんの友"が酒を誘う絶品つまみに大変身！
塩気のきいた天ぷらでビールがぐいぐい呑める♪

調理時間 **10**分

【材料】(2人分)

牛もも薄切り肉…180〜200g
のりの佃煮(市販品)…大さじ1〜2
鮭フレーク(市販品)…大さじ2
小麦粉…適量
A │ 小麦粉…大さじ7
 │ 水…大さじ6
青のり粉、炒り黒ごま…各適量
揚げ油…適量

【作り方】

1. 牛肉は8等分に分け、包みやすい大きさに広げる。
2. 牛肉の半量はのりの佃煮をぬり、肉の端に竹串を置いてクルクルと巻きつける。同様に全部で4串作る。
3. 残りの牛肉は鮭フレークをのせ、②と同様に竹串に巻きつけ、全部で4串作る。
4. ②、③に小麦粉を薄くまぶし、混ぜ合わせたAにくぐらせる。目印としてのりには青のりを、鮭にはごまをふる。
5. フライパンに揚げ油を1cm深さまで注いで180℃に熱する。④を入れ、表面が色づくまでさっと揚げる。

ワザあり！

最初の巻きつけが肝心！「串巻きテク」

1. 肉の端1〜2cmを竹串にひっかけ、串を少し持ち上げる。
2. 上げた串をパタンと下ろし、折りたたむように1回巻く。
3. 残りは両手で竹串を転がしながらクルクル巻きつける。

がっつり呑める！ 肉のつまみ

酒に漬けた肉がやわらか！ 磯の香りの和風ステーキ

づけ牛の炙り焼き

調理時間 **5**分

【材料】(2人分)

牛肉(ステーキ用)…2枚
焼きのり…2枚
A ┃ しょうゆ…大さじ1
　┃ 赤ワイン…大さじ1
レタス…適量

【作り方】

① 牛肉は室温にもどし、2cm幅の斜め切りにする。バットに肉を並べ、Aをかける。肉を返し、手でたれをざっとからめる。

② のりは小さくちぎってビニール袋に入れる。袋の外からもんで細かくする。

③ 焼き網を熱して肉を焼き、焼けた肉から②にどんどん入れる。袋をふってのりを全体にまぶす。器に盛り、レタスを添える。

ひき肉だけど、ステーキのような食べ応え！

ひき肉ステーキのチーズソース

調理時間 **10**分

肉

がっつり呑める！ 肉のつまみ

【材料】(2人分)

牛ひき肉(赤身)…250g
塩、こしょう…各少々
ズッキーニ…1本
カマンベールチーズ
…1/2個(50g)
サラダ油…大さじ1 1/2

【作り方】

① バットに肉を入れ、強めに塩、こしょうして菜箸でざっと混ぜる。ズッキーニは2cm厚さの輪切り、チーズは縦4等分に切る。
② フライパンにサラダ油を熱し、ひき肉を手で軽くハンバーグ状にまとめて（練らないのがコツ）のせる。ズッキーニも一緒に焼く。
③ 焼き色がついたら野菜も肉も裏返し、チーズをのせてふたをする。チーズが半分ぐらい溶けるまで蒸し焼きにする。

49

とろ〜り甘いねぎと牛肉を香ばしいごま衣で味わう

牛肉のねぎ巻き変わり揚げ

調理時間 10分

【材料】(2人分)

- A
  - しょうゆ…大さじ2
  - しょうがのしぼり汁…大さじ1
  - ウイスキー…大さじ1
- 牛肉(薄切り)…4枚(約160g)
- 長ねぎ…1本
- 小麦粉、揚げ油…各適量
- 衣
  - 小麦粉…40g(1/3カップ)
  - 水…50ml
  - 炒り黒ごま…大さじ1

【作り方】

1. バットにAを合わせ、牛肉の両面にからめる。長ねぎは4等分に切り、ねぎをまわしながら全面に斜めの切り込みを入れ、繊維を断ち切る。
2. まな板に牛肉を広げて並べ、ねぎを芯にして巻く。小麦粉をまんべんなくまぶし、衣にくぐらせる。
3. フライパンに揚げ油を1cm深さまで注いで160〜170℃に熱する。こまめに返しながら表面がカリッとするまで揚げ、食べやすく切る。

トロリと甘く濃厚な味わい

レバーの白ワイン煮

調理時間 **10** 分

肉

がっつり呑める！ 肉のつまみ

【材料】(2人分)

鶏レバー…200g
バター…大さじ1
A│白ワイン…100ml
　│黒砂糖…大さじ1 1/2
　│酢…大さじ1/2
塩、こしょう…各適量

【作り方】

① レバーは2～3等分に切って、白い筋や血の塊を丁寧に除く。手早く水洗いして水気をきる。
② フライパンにバターを溶かし、レバーを焼く。色が変わってきたらAを加え、強火で一気に加熱する。
③ 汁気が減ってトロリとしてきたら、弱火にして煮汁を煮からめ、軽く塩、こしょうする。

ポテトチップスと
ピクルスを添えれば
ブリティッシュパブ気分♪

薄切り肉でも、味と見た目は高級店レベル!?
ハイボールとの相性もバツグン！

炙りビーフのサンドイッチ

調理時間 **10**分

【材料】(2人分)

イギリスパン(食パン薄切り)…4枚
バター…大さじ2
ウスターソース、マスタード…各適量
牛薄切り肉(すき焼き用)…150g
塩、こしょう…各適量

【作り方】

① パンの片面にバターをぬり、ぬった面を下にしてフライパンに並べる。フライ返しで押さえながらこんがり焼く。
② パンの焼いた面にソース、マスタードを順にぬる。
③ 牛肉は強めに塩、こしょうし、①と同じフライパンでレアめに焼く。パン2枚で挟み、食べやすい大きさに切る。

ワザあり！

中央が浮き上がらないよう、フライ返しで押さえながら焼こう。トースターよりもフライパンの方が早く焼けて時短に。バターをぬった面を焼くことで、たまらなくいい香りが立ち上る！

がっつり呑める！ 肉のつまみ

スパムの代わりにハムやベーコンで巻いても美味

スパムとパイナップルの天ぷら

調理時間 10分

【材料】(2人分)

スパム(ランチョンミート)…小1缶(200g)
パイナップル(輪切り)…2枚
小麦粉…大さじ1〜2
衣 ┃ 小麦粉…100ml
　 ┃ 水…100ml
揚げ油…適量

【作り方】

① スパムは6枚の薄切りに、パイナップルは長めのひと口大に切る。パイナップルにスパムを巻き、巻き終わりに楊枝を斜めに刺す。
② ビニール袋に小麦粉、①を入れる。空気を吹き込み、ふくらませてから袋の口を閉じ、2〜3回ゆっくり転がして小麦粉をまぶす。
③ 衣は混ぜ合わせ、②をくぐらせる。190℃に熱した揚げ油でカラリと揚げる。

スパイシー&カリカリに！ ビールにピッタリ♡

チリベーコン

調理時間 5分

肉 / がっつり呑める！ 肉のつまみ

【材料】(2人分)

ベーコン…6枚
A｜チリパウダー…小さじ2
　｜パルメザンチーズ…小さじ2
　｜塩…小さじ1/4

【作り方】

① バットにAを入れて混ぜ合わせ、ベーコンにまぶしつける。
② 耐熱皿にペーパータオルを敷いてベーコンをのせ、ラップをかけずに電子レンジで2分加熱する。
③ 裏返してさらに1分加熱する。

※チリパウダーの代わりに一味や七味唐辛子をまぶしてもOK！

1分で完成！
肉加工品のつまみ

たった1分で絶品つまみが作れる
目からウロコの早ワザを一挙公開！

レンジでチン

チーズウインナー

【材料】(2人分)

スライスチーズ…1枚
黒粗びきこしょう…少々
ソーセージ…4本

【作り方】

チーズは細切りにしてこしょうをふり、ソーセージに切り込みを入れて挟み入れる。ラップをかけずに電子レンジで30秒、温める程度に加熱する。

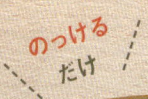

のっけるだけ

コンビーフカナッペ

【材料】(2人分)

コンビーフ…1缶(100g)
調味料(柚子こしょう、フレンチマスタード、豆板醤)…各適量

【作り方】

コンビーフは1cm厚さに切り、調味料をそれぞれのせる。

最強の1分つまみ **肉加工品**

サラちくグラタン

焼くだけ

【材料】(2人分)

ちくわ…1本
サラミソーセージ…小4本
マヨネーズ…適量

【作り方】

ちくわは縦半分に切って長さを半分に切り、サラミをのせてマヨネーズをしぼる。魚焼きグリルで焼き色がつくまで焼く。

ブルーチーズとりんごの生ハム巻き

巻くだけ

【材料】(2人分)

生ハム…1枚
ブルーチーズ…30g
りんご…1/6個

【作り方】

生ハムは半分にちぎる。チーズは2枚、りんごは4枚の薄切りにする。チーズ1枚をりんご2枚で挟み、生ハム1枚で巻く。同様にもう1個作り、半分に切る。

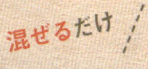

砂肝と長いものマスタードあえ

混ぜるだけ

【材料】(2人分)

砂肝(下処理済み)…120g
長いも…150g
フレンチマスタード…大さじ1
塩…少々

【作り方】

砂肝は5mm幅の切り込みを入れ、熱湯で下ゆでする。長いもは皮をたわしでこすり洗いして1cm角に切る。マスタードであえ、塩で味をととのえる。

第三夜

\\ アイデア満載！//
魚介のつまみ

魚は骨があるから時間がかかるし、調理が面倒くさそう？
そんな心配もあっという間になくなる簡単＆絶品テクを一挙公開！
つまみ作りのスキルが、ぐんとアップすること間違いなし♪

魚介 アイデア満載！ 魚介のつまみ

全部一緒にざく切りにするから、あっという間に完成！

サクサクあじの洋風なめろう

調理時間 5分

【材料】(2人分)

あじ(3枚におろしたもの)…2尾分
好みで塩…少々
クラッカー…2～4枚
A | アンチョビ…4～6本
　 | パプリカ(黄)…1/8個
　 | きゅうりのピクルス(市販品)…小2本
　 | しょうが…1かけ
　 | にんにく…小1かけ
　 | パセリ…少々

【作り方】

1. あじは皮をむき、1cm幅に切る。
2. Aはすべてまな板にのせ、一気にざく切りにする。あじを上にのせ、全体を混ぜながら包丁で叩く(粘りが出ないよう、食感を残す程度に叩く)。好みで塩をふり、器に盛る。
3. ビニール袋にクラッカーを入れ、手の平でぐっと押して粗く砕き、②に散らす。

59

味つき衣で
ソースいらず！

スパイシーなカレー味の衣で酒が進む！
高温で揚げて、ほっくりサクサクに仕上げて
かつおナゲット

調理時間 **5**分

魚介 / アイデア満載！ 魚介のつまみ

【材料】(2人分)

かつお…1節
塩…少々
小麦粉…適量
衣 | 小麦粉…80g
　　| カレー粉…小さじ2
　　| 塩…小さじ1
　　| 水…大さじ5前後
揚げ油…適量

【作り方】

1. かつおは塩をふり、出てきた水気はペーパータオルでふく。2cm厚さに切る。
2. ビニール袋に小麦粉、かつおを入れる。空気を吹き込み、ふくらませてから袋の口を閉じてシャカシャカふり、小麦粉をまぶす。
3. ボウルに衣を合わせて混ぜ、ホットケーキの生地ぐらいの固さになるよう水で調節する。
4. かつおを衣にくぐらせ、180℃に熱した揚げ油で少しずつ揚げる。黄金色になったら揚げ上がり。

ワザあり！

揚げ油に入れた直後は衣がはがれやすいので触らないこと。ミディアムレアな揚げ加減がパサつかず美味。鶏胸肉や豚ヒレで作ってもOK！ただし、肉の場合はしっかり火を通そう。

\ 旬の野菜で /
アレンジしてみて

今も昔も呑ん兵衛に愛される酢みその"ヌタ"。
アツアツのうちにあえると、味がよくしみこむ！

海鮮とアスパラの辛子酢みそあえ

調理時間 5分

【材料】(2人分)

グリーンアスパラガス…3〜4本
シーフードミックス(冷凍)…150g
塩…適量
A｜白みそ…大さじ3
　｜砂糖…大さじ1/2
　｜酢…大さじ1
　｜練り辛子…小さじ1

【作り方】

① アスパラは2cm長さに切る。
② シーフードミックスとアスパラは熱湯で塩ゆでして、水気をきる。
③ Aを混ぜ合わせ、②が熱いうちにからめる。

ワザあり！

シーフードミックスは解凍せず、凍ったまま熱湯に投入して塩ゆでしよう。塩の浸透圧で素材から余分な水分が出るときに生臭さも一緒に出てくれる。適度な塩気がつくメリットも！

魚介

アイデア満載！魚介のつまみ

＼トースターまかせの／
楽々レシピ♪

魚介

アイデア満載！ 魚介のつまみ

食欲をそそる焼きみその香りと、まろやかなマヨ。
和と洋のドッキングで日本酒もビールも進む！

焼きみそマヨぶり

調理時間 **10**分

【材料】(2人分)

ぶり…2切れ
A | みそ…大さじ1 1/2
　| 酒…大さじ1
　| しょうがのしぼり汁…小さじ1
マヨネーズ…適量
万能ねぎ…4〜5本

【作り方】

1. ぶりは皮に縦1本の切り込みを入れる。オーブントースターの天板にオーブンシートかアルミホイルを敷き、2切れをくっつけてのせる。
2. 混ぜ合わせたAを切り込みの中と、2切れの間にたっぷりぬり、残ったたれは全体にまぶしつける。
3. オーブントースターで8〜10分、ぶりに火が通るまで焼く。
4. ぶりを器に盛ってマヨネーズをかけ、万能ねぎの小口切りをたっぷり散らす。

ワザあり！

みそだれは、ぶりの切り目、切り身同士の間、表面など、まんべんなくまぶしつけるのがうまさのコツ。トースターで焼かず、ラップをかけて電子レンジで約3分加熱してもOK！

小麦粉を使わない、お手軽チヂミ

づけ帆立の
チヂミサンド

調理時間 **5**分

【材料】(2人分)

帆立貝柱(刺身用)…4個
しょうゆ…大さじ1
にら…5〜6本
溶き卵…2個分
ごま油…少々

【作り方】

① 帆立は厚みを半分に切る。ボウルにしょうゆ、帆立を合わせ、上下を返して全体にからめ、切り口を下にしてしばらくおく。

② にらは1cm長さに切り、溶き卵と合わせる。

③ フライパンを熱してごま油をなじませ、②を4枚の細長い楕円形になるように流し入れる。下の面が焼けたら裏返し、反対側も軽く焼いて取り出す。

④ 生地1枚に帆立2切れをのせ、パタンと半分に折る。

ほっこり温まる土手鍋感覚の和風グラタン
かきと春菊のみそグラタン

調理時間 **10**分

魚介 / アイデア満載！ 魚介のつまみ

【材料】(2人分)

生がき(加熱用)…150g
塩…適量
春菊…1/2束
生クリーム…150ml
みそ…大さじ2
だし汁…大さじ2

【作り方】

① かきは塩水(3%の濃度)で洗って水気をきる。
② 春菊はちぎって耐熱容器に敷き、かきを並べて生クリームをまわしかける。ラップをふんわりかけ、電子レンジで4分加熱する。
③ みそとだし汁を混ぜ合わせ、②のかきの上にかける。オーブントースターか魚焼きグリルの強火で約3分、クリームに焼き色がつくまで焼く。

よく焼きでも
レア焼きでも
ウマい！

のっけるだけのオープンたこ焼きは簡単＆味よし、見た目もキュート♡
とろろたこ焼き

調理時間 **5** 分

魚介 / アイデア満載！ 魚介のつまみ

【材料】(2人分)

ゆでだこ…60g
紅しょうが…適量
削りがつお…大さじ1
やまといも…150g
塩…少々
サラダ油…適量
青のり粉…適量

【作り方】

1. たこはひと口大の乱切りに、紅しょうがはみじん切りにする。削りがつおはビニール袋に入れ、手でもんで粉状にする。
2. やまといもは皮ごとすりおろし、削りがつおと塩を加え、空気を含ませるようにふんわり混ぜる。
3. フライパンにサラダ油をなじませる。菜箸で生地を持ち上げ、フライパンにポトリと落とす。すぐにたこと紅しょうがをのせる。底がカリッと焼けたら青のりをふる。

ワザあり！

まずは菜箸を1本ずつ両手に持ち、生地をひと口分持ち上げてクルクルまわし、生地を切る。菜箸をそのままフライパンの上に移動して、生地の重力でポトリと落とそう。たこ焼き器なしで丸く焼ける！

脂ののった干物のうまみのある塩気が、酒呑みの胃袋をわしづかみ！

あじの干物とねぎのごまあえ

調理時間 **10** 分

【材料】(2人分)

あじの干物…1枚
長ねぎ…1本
ごま油…大さじ1
塩…適量
炒り白ごま…大さじ1

【作り方】

① 干物は魚焼きグリルで焼き、骨と皮を除いて粗くほぐす。
② 長ねぎは薄い小口切りにする。ボウルにたっぷりの水を張ってねぎを放ち、水の中でぎゅっと握ってぬめりと辛みをとる。水気をしぼる。
③ 干物とねぎをざっくり混ぜてごま油をかけ、少し強めに塩をふって味をととのえる。食べる直前に、ごまを指でひねりつぶしながら加える。

おろす手間はオフ！ ざくざく感がクセになる〜

いくらの変わりおろし

調理時間 **5**分

魚介

アイデア満載！ 魚介のつまみ

【材料】(2人分)

大根…200g
酢…大さじ2
いくら…大さじ2〜3
刻みのり、おろしわさび…各適量

【作り方】

① 大根は皮を厚くむいて、1cm角に切る。厚めのビニール袋に大根を入れ、袋の上から麺棒で叩いて細かく砕く。
② 酢を加え、袋の外側からもんでなじませ、ボウルに移す。いくらを加えて混ぜ、器に盛ってのりとわさびをのせる。

とろ〜り濃厚なワタと
チーズの
最強コラボ！

酒呑みのアイドル「いかゲソ&ワタ」を洋風仕立てに。
チーズの代わりにごはんを詰めていかメシにしても！

いかの丸ごとチーズ蒸し

調理時間 10分

【材料】(2人分)

いか…1ぱい(400g)
塩、こしょう…各適量
ピザ用チーズ…60g
万能ねぎ…4本
バター…大さじ2
しょうゆ…大さじ1

【作り方】

1. いかは足をワタごと引き抜く。
2. いかの足は粗みじん切りにし、ワタは縦半分に切ってからざく切りにして混ぜ合わせる。塩、こしょうしてチーズを加えて混ぜる。
3. いかの胴に②を詰め、楊枝で端を閉じる。耐熱皿にのせ、皮目に切り込みを入れる。ゆるめにラップをかけ、電子レンジで6分加熱する（いかが400g以上の場合は、加熱時間を増やす）。
4. 万能ねぎは小口切りにする。フライパンにバターを熱してねぎを炒め、しょうゆを加えてざっと混ぜ③にかける。

ワザあり！

いかのさばき方　①いかは胴のつけ根に親指をかけて押さえ、反対の手で足をつかんで少し引っ張り、接合部分を外す。②手でえんぺらを押さえ（写真）、反対の手で足をワタごとゆっくり引き抜く。③軟骨、吸盤、目玉とクチバシ、スミを除いて調理する。

1分で完成!

刺身のつまみ

まるで小料理屋の前菜のよう！
旬の魚介を気軽に楽しんで。

のっけるだけ

うにとろろ

【材料】(2人分)

とろろ昆布…5g
生うに…大さじ2
おろしわさび…適量　塩…少々

【作り方】

とろろ昆布はふんわりほぐして器に盛り、うに、わさびの順にのせ、塩をふる。

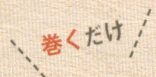

巻くだけ

鯛巻きりんご

【材料】(2人分)

鯛(刺身用)の薄切り…6枚前後
りんご…1/2個
好みで青じそ…適量
三杯酢(市販品)…少々

【作り方】

りんごは皮をむいて薄切りにし、数枚を重ねて鯛の刺身で巻く。青じその上に盛り、食べる直前に三杯酢をかける。

最強の1分つまみ **刺身**

生帆立の塩こうじあえ

【材料】(2人分)

帆立貝柱(刺身用)…4個
塩こうじ…大さじ1 1/2
いくら…大さじ1

【作り方】

帆立は手でちぎって塩こうじであえ、器に盛っていくらをのせる。

混ぜるだけ

のっけるだけ

ピリ辛マヨまぐろ

混ぜるだけ

【材料】(2人分)

まぐろ(刺身用)…120g
長いも…150g
ピリ辛マヨだれ(マヨネーズ…大さじ2　ラー油…小さじ1/2　塩…ひとつまみ)

【作り方】

まぐろはぶつ切りに、長いもはまぐろより少し小さめのぶつ切りにしてピリ辛マヨだれであえる。

ん!? 金目鯛の握りずし?

【材料】(2人分)

金目鯛(刺身)…4〜6枚
大根(2×4cmの拍子木切り)…4〜6個
おろしわさび…適量
塩…少々

【作り方】

大根にわさびをぬって金目鯛を1枚ずつのせ、塩をふって好みでわさびをのせる。

75

1分で完成！
いかと帆立のつまみ

いかとアボカドの香り塩

【材料】(2人分)

いか(刺身用・せん切り)…100g
アボカド…1/2個
木の芽(または青じそ)…適量(多め)
塩…適量

【作り方】

アボカドはつぶし、木の芽のみじん切りを混ぜて塩で味をととのえ、いかをあえる。

混ぜるだけ

なんちゃって塩辛

【材料】(2人分)

いか(刺身用・せん切り)…120g
塩…小さじ1/4
ラー油…小さじ1/2
青じそ…適量

【作り方】

いかは塩とラー油であえ、しその上に盛る。

最強の1分つまみ いかと帆立

ほたるいかの
にんにく油あえ

【材料】(2人分)

ほたるいか(目を取り除く)…12はい
サラダ油…大さじ2
にんにく…1かけ
パセリの葉…小1枝分
塩、こしょう…各少々

【作り方】

フライパンにサラダ油、粗く叩きつぶしたにんにくを熱し、きつね色になったらパセリの葉を大きくちぎり入れる。ほたるいかを加えて塩、こしょうする。

炒るだけ

炒めるだけ

炒り小柱の
木の芽まぶし

【材料】(2人分)

小柱(青柳)または小さめの帆立貝柱
…1/4カップ
しょうゆ…大さじ1/2
木の芽(または青じそ)…適量

【作り方】

小柱はしょうゆをまぶし、熱したフライパンで軽く炒る。木の芽のみじん切りをまぶし、好みでピックに刺す。

1分で完成！
かまぼこ、はんぺん、明太子のつまみ

ディップ

めんたいアボカドディップ

【材料】(2人分)

アボカド…1/2個
辛子明太子…1/2腹
クラッカー…適量

【作り方】

アボカドはフォークで粗くつぶし、ざく切りにした明太子と混ぜ合わせ、クラッカーにのせる。

混ぜるだけ

かにかまとオクラのマヨおかか

【材料】(2人分)

オクラ…4本
かにかまぼこ…2本
削りがつお…1パック(3〜5g)
マヨネーズ…大さじ1

【作り方】

オクラはガクを切り落として輪切りにし、かにかまは長さを半分に切ってほぐす。削りがつお、マヨネーズであえる。

最強の1分つまみ　かまぼこ、はんぺん、明太子

巻くだけ

セレブなちーかま

【材料】(2人分)

かまぼこ…2〜3cm長さ
白みそ…大さじ1〜2
ブルーチーズ…大さじ1〜2

【作り方】

かまぼこは10枚の薄切り(2〜3mm厚さ)にして白みそを片面にぬり、ぬった側を内側にして2つ折りにし、端を楊枝でとめる。チーズを10等分にちぎって入れる。

はんぺんのチーズのりサンド

挟むだけ

【材料】(2人分)

はんぺん…1枚
スライスチーズ…1枚
のりの佃煮(市販品)…大さじ1
好みで青じそ…4枚

【作り方】

はんぺんとチーズは4等分に切り、はんぺんは厚みに切り込みを入れる。スライスチーズにのりの佃煮をぬり、はんぺんに挟む。好みでしその上に盛る。

第四夜

旬を丸かじり！
野菜のつまみ

季節を感じるなら、ヘルシーな野菜のつまみがいちばん！
箸休めだけではなく、メイン料理にもなるつまみを厳選しました。
野菜1種だけで作れる、便利な1分レシピも要チェック！

玉ねぎの辛みをピリッと利かせた酒に合う大人味！

大人タラモサラダ

調理時間 5分

野菜

旬を丸かじり！ 野菜のつまみ

【材料】(2人分)

じゃがいも…1個
たらこ…1/2腹
A　玉ねぎのすりおろし…大さじ2
　　レモンの搾り汁…大さじ1/2
　　オリーブ油…大さじ1 1/2
塩、こしょう…各少々
パセリのみじん切り…少々

【作り方】

1. じゃがいもは皮つきのまま水洗いし、耐熱ボウルに入れてふんわりラップをかける。電子レンジで4分加熱する。
2. たらこは皮を除いてほぐす。
3. ①は熱いうちに皮をむき、ボウルに入れてつぶす。②、Aを加えて混ぜ、塩、こしょうで味をととのえる。器に盛り、パセリを散らす。

手でつまめる
まさに酒宴のための
サラダ！

82

野菜

旬を丸かじり！ 野菜のつまみ

ごはんの代わりにレタスを巻いたヘルシーつまみ。
サラダ感覚で、シャキシャキ食感を楽しんで
せん切りレタスののり巻き

調理時間 5分

【材料】(2人分)

レタス…3枚
焼きのり…2枚
炒り白ごま…大さじ2
A｜ナンプラー…大さじ1/2
　｜レモンの搾り汁…大さじ1/2

【作り方】

① レタスは5mm幅のせん切りにする。ぎゅっと握り、しんなりさせる。
② 巻きすにのり1枚をのせる。①の半量を手前に敷き、ごまをふる。
③ のり巻きの要領で巻き、食べやすい長さに切る。もう1枚も同様に作る。混ぜ合わせたAにつけて食べる。

ワザあり！

レタスを巻くときは、具がふわふわ動いてしまわぬよう片手で押さえ込みながら、少しずつ巻こう。巻きすを持つ手を休めないのがポイント。巻き終わりにのり代わりの水をぬって閉じ、5秒ぐらい押さえて完成！

苦味が苦手な人は
ふたをして蒸し焼きに
するとよし！

がぶっと豪快にかじりつけば、ゴーヤの苦味が
口いっぱいに広がるワイルドつまみ

変わりゴーヤチャンプルー

調理時間 **10**分

【材料】(2人分)

ゴーヤ(苦瓜)…小1本
豚バラ肉(薄切り)…6枚
しょうゆ…大さじ1/2
削りがつお…適量

【作り方】

1. ゴーヤは縦半分に切って種とワタをスプーンでしっかりかき取る。縦長の6等分に切る。
2. ゴーヤに豚肉をぐるぐると巻きつけ、巻き終わりに楊枝を斜めに刺す。
3. フライパンに油を敷かずに②を並べ、カリカリになるまでじっくり焼く。出てきた脂はふき取る。しょうゆをまわし入れて全体にからめ、削りがつおをふる。

ワザあり！

肉の巻き始めは着物の「えり元」をイメージし、肉を交差させるのがほどけないコツ。最初だけクロスさせ、後はぐるぐる巻いて最後は楊枝でとめて。

野菜

旬を丸かじり！ 野菜のつまみ

さっと煮るだけで
ビストロ風の
つまみが完成！

とろ～り半熟卵がトマトの甘みを引き立てる。
パンでぬぐいながら食べるのもおすすめ

トマトと卵の煮込み

調理時間 5分

【材料】(2人分)

トマト…2個
バジル(生)…3～4枚
サラダ油…大さじ2
塩、こしょう…各適量
卵…2個

【作り方】

1. トマトは小さめのざく切りにする。バジルはちぎる。
2. フライパンを熱してサラダ油をなじませ、①を加え、塩を強めにふって煮る。
3. 卵を割り落とし、ふたをして2～3分煮る。半熟状になったら塩、こしょうで味をととのえる。

ワザあり！

煮るときに塩をしっかり強めにふることで、トマトの甘さが引き立ってくる。トマトは水分が出てくるまで煮ればOK！

れんこんとごぼうは香りのいい皮つきのまま切ろう

れんこんとごぼう の和風サラダ

調理時間 **10**分

【材料】(2〜3人分)

れんこん…80g
ごぼう…1/4本
ゆり根…小1個
水菜…1株
大根…100g
好みで紅たで…少々

A | オリーブ油…大さじ2
　| ポン酢しょうゆ…大さじ2
　| 塩…小さじ1/4

【作り方】

① れんこんは薄い半月切りに、ごぼうはささがきにしてたっぷりの水にさらす。ゆり根は1枚ずつはがして水洗いする。
② 水菜は3cm長さに、大根はせん切りにして水洗いし、水気をきって冷蔵庫で冷やす。
③ 熱湯で①を1〜2分ゆで、ザルに上げてそのまま冷ます。②と合わせ、混ぜ合わせたAをかける。好みで紅たでを散らす。

野菜

旬を丸かじり！ 野菜のつまみ

ゆでたしょうがのマイルドな辛みが酒を誘う

ほうれん草の
しょうがびたし

調理時間 **5**分

【材料】(2人分)

ほうれん草…1わ
しょうが…1かけ
柚子の皮…少々
A｜しょうゆ…大さじ1
　｜だし汁…大さじ2

【作り方】

① ほうれん草は 3cm 長さに、しょうがは楊枝ぐらいの太さのせん切りにする。
② 熱湯で①をゆでる。再び沸騰したら冷水にとって冷ます。
③ ②の水気をしぼって器に盛る。混ぜ合わせた A をかけ、せん切りにした柚子の皮を散らす。

1分で完成！
春野菜と海藻のつまみ

かけつけ1杯♪なときにも重宝する
季節の野菜の小粋な小鉢。

焼くだけ

ゆでるだけ

たけのこのみそ焼き

【材料】(2人分)

ゆでたけのこ…1本
しょうゆ…少々
白みそ…大さじ2〜3
木の芽…少々

【作り方】

たけのこは縦4等分に切ってしょうゆをふり、みそをぬる。魚焼きグリルで焼き色をつけ、刻んだ木の芽を散らす。

ゆで絹さやのバター風味

【材料】(2人分)

絹さや…40g
バター…大さじ1
塩、こしょう…各少々

【作り方】

絹さやは筋を取って熱湯でさっとゆで、水気をきる。鍋にバターを溶かして絹さやをあえ、塩、こしょうする。好みでバター（分量外）をのせる。

最強の1分つまみ **春野菜と海藻**

スナップえんどうの釜揚げ

ゆでるだけ

【材料】(2人分)

スナップえんどう…12〜16本
塩…少々
A(粉チーズ…大さじ1
　こしょう、オリーブ油…各少々)

【作り方】

スナップえんどうは筋を取って熱湯で塩ゆでし、アツアツのうちにAを順にかけてからめる。

炒めるだけ

わかめのピリ辛おかか炒め

【材料】(2人分)

わかめ(塩蔵)…40g
ごま油…大さじ2
豆板醤…小さじ1/2
削りがつお…10g
しょうゆ…大さじ1/2

【作り方】

わかめは水洗いして、ざく切りにする。フライパンにごま油と豆板醤を熱してわかめを炒め、削りがつお、しょうゆをからめる。

1分で完成！
夏野菜と海藻のつまみ

きゅうりと
モッツァレラのごまよごし

混ぜるだけ

【材料】(2人分)

きゅうり…1本
モッツァレラチーズ…1/2個
A（すり黒ごま…大さじ3
　しょうゆ…大さじ1/2）

【作り方】

きゅうりとチーズは1cm角に切る。混ぜ合わせたAであえる。

混ぜるだけ

きゅうりの
小魚アーモンドあえ

【材料】(2人分)

きゅうり…1本
小魚アーモンド（市販品）…1/4カップ
A（ごま油…小さじ1
　塩、こしょう…各少々）

【作り方】

ビニール袋に小魚アーモンドを入れ、袋の外から麺棒などで叩く。きゅうりも加えてさらに叩き、Aを加え、ビニール袋をふって混ぜ合わせる。

最強の1分つまみ **夏野菜と海藻**

オクラとめかぶのスタミナ小鉢

【材料】(2人分)

オクラ…4本
めかぶ…1/4カップ
おろしにんにく…少々
みそ…小さじ2

【作り方】

オクラはガクを切り落とし、小口切りにしてすべての材料と混ぜ合わせる。

混ぜるだけ

みょうがの柚子みそ焼き

【材料】(2人分)

みょうが…3個
A(みそ…大さじ1
　柚子こしょう…小さじ1)

【作り方】

みょうがは縦半分に切って3つずつ竹串に刺し、切り口に混ぜ合わせたAをぬる。魚焼きグリルで焦げ目がつくまで焼く。

なすのアンチョビあえ

混ぜるだけ

【材料】(2人分)

なす…2本
アンチョビ…4本
イタリアンパセリ…1〜2枝
オリーブ油…大さじ1

【作り方】

なすは5mm厚さの輪切りにして熱湯でゆで、冷水にとって水気をしぼる。アンチョビは細かく刻み、パセリはざく切りにし、オリーブ油であえる。

焼くだけ

1分で完成！
秋・冬野菜のつまみ

混ぜるだけ

大根の梅カクテキ

【材料】(2人分)

大根の輪切り…4cm長さ
梅干し…1個
白菜キムチ…50g

【作り方】

大根は角切りにする。梅干しは種を取ってキムチとともにみじん切りにし、大根をあえる。

挟むだけ

大根のおかかサンド

【材料】(2人分)

大根…5mm厚さの輪切り4枚
塩…少々
粉がつお…適量

【作り方】

大根は塩をふり、2枚分の片面に粉がつお（ない場合は、削りがつおを手でもんで細かくする）をまぶす。まぶした面を内側にして残りの大根と2枚1組にして挟み、半分に切る。

最強の1分つまみ 秋・冬野菜

かぶの梅みそ添え

【材料】(2人分)

かぶ…2個
梅みそ(梅肉…大さじ1/2
　　　 みそ…大さじ1/2
　　　 水…少々)

【作り方】

かぶは薄いくし形切りにし、梅みそにつけて食べる。

ピリ辛じゃこ白菜

【材料】(2人分)

白菜の葉…1枚
ちりめんじゃこ…20g
ごま油…大さじ1
豆板醤…少々
塩…少々

【作り方】

白菜はボウルにちぎり入れる。フライパンにごま油を熱してじゃこと豆板醤を炒め、白菜にざっとかけて塩で味をととのえる。

1分で完成！
通年OK！ 野菜と海藻のつまみ

スパイシーベジタブル

【材料】(2人分)

ミックスベジタブル…1カップ
サラダ油…大さじ1/2
A(チリパウダー…小さじ1
　塩、こしょう…各少々)
ミックスチーズ…1/4カップ

【作り方】

ミックスベジタブルは熱湯をかけて水気をきり、サラダ油を熱したフライパンで炒める。Aで調味し、器に盛ってチーズを散らす。

炒めるだけ

二度づけ禁止キャベツ

【材料】(2人分)

キャベツ…2～3枚
ウスターソース…大さじ3
練り辛子…小さじ1/2

【作り方】

キャベツはちぎる。ソースと練り辛子を合わせ、各自でキャベツにつけて食べる。

たれ

最強の1分つまみ　通年OK！　野菜と海藻

ディップ

セロリとトマトのヨーグルトディップ

【材料】(2人分)

セロリ…1/2本
プチトマト…4〜6個
A(プレーンヨーグルト…100ml
　マヨネーズ…50ml
　塩、こしょう…各少々)

【作り方】

セロリは筋を取ってスティック状に切る。セロリ、トマトを、混ぜ合わせたAにつけて食べる。

挟むだけ

韓国風焼きのり

【材料】(2人分)

焼きのり…1枚
ごま油…適量
塩(粗め)…少々

【作り方】

のりはごま油をぬってすぐ塩をふり、食べやすい大きさに切る。

ぬるだけ

れんこんのわさび漬けサンド

【材料】(2人分)

れんこん…2cm厚さの輪切り
わさび漬け…適量

【作り方】

れんこんは4枚の薄切り(5mm厚さ)にしてさっと洗い、ラップで包んで電子レンジで40〜50秒加熱する。わさび漬けをぬって2枚1組で挟み、半分に切る。

第五夜

卵、豆腐、チーズのつまみ

わざわざ買いに行かなくても、家の冷蔵庫に眠っている確率の高い
卵や豆腐などを使って、酒の進むつまみに仕上げました。
ちょっと1品足りないときに重宝するレシピが満載！

ポリポリ食感のたくあんが不思議とオムレツに合う
台湾風オムレツ

調理時間 **5**分

卵、豆腐、チーズのつまみ

【材料】(2人分)

たくあん…3cm分
卵…2個
水…大さじ1
ごま油…小さじ1
しょうゆ…小さじ1 1/2
みりん…小さじ1/2
香菜…適量

【作り方】

1. たくあんはできるだけ薄切りにし、さらにせん切りにする。ボウルに卵と水を合わせ、溶きほぐす。
2. 小さめのフライパンにごま油を熱してたくあんを炒め、油がまわったらしょうゆとみりんをからめる。
3. 卵液を流し入れ、菜箸で軽く混ぜる。半熟ぐらいでオムレツ状に形をととのえる。器に盛り、ざく切りにした香菜を散らす。

さっぱりしているのに
コクうま！

ざくざくの大根とやわらかな豆腐の対比が面白い♪
一丁丸ごとドーンと盛って豪快に食べよう!

黄身おろしのっけ冷やっこ

調理時間 **5**分

豆腐 / 卵、豆腐、チーズのつまみ

【材料】(2人分)

木綿豆腐…1丁
大根…1/4本
A｜卵黄…2個分
　｜塩…小さじ3/4
　｜ごま油…大さじ1
削りがつお…適量

【作り方】

1. 豆腐は水気をきり、切らずに丸のまま器に盛る。
2. 大根は皮をむいて鬼おろしで粗くおろす。Aの卵黄は塩を加えてよく混ぜ、ごま油を加えてさらに混ぜる。
3. 豆腐に大根おろしをてんこもりにのせて、Aのたれ、削りがつおをかける。各自スプーンですくって食べる。

ワザあり!

鬼おろしがなければ、普通に大根をすりおろして。または、大根を1cm角に切って厚めのビニール袋に入れ、袋の上から麺棒で叩いて細かく砕いてもOK。

とんかつソースを
水で薄めて
かけても美味!

外はサクサク、中はふわ〜！
できたてアツアツをビールと一緒に味わって

豆腐のフライ 酢みそ添え

調理時間 10分

【材料】(2人分)

木綿豆腐…1丁
塩…少々
衣 | 溶き卵…1個分
　 | 水…大さじ1
　 | 小麦粉…大さじ6
生パン粉、揚げ油…各適量
A | 白みそ…大さじ2
　 | 水…大さじ1
　 | 酢…大さじ1
　 | 砂糖…大さじ1

【作り方】

1. 豆腐は6等分に切り、塩をふる。ペーパータオルで水気をふく。
2. ボウルに衣の材料を合わせ、指先でダマをつぶしながら手早く混ぜる。豆腐を衣にくぐらせ、パン粉をまぶす。
3. 鍋に揚げ油を3〜4cm深さまで注ぎ、200℃に熱する。2を2〜3個入れ、豆腐がふくらんできつね色になるまで揚げる。残りもすべて揚げ、混ぜ合わせたAをかける。

ワザあり！

豆腐は切り口に塩をふり、しばらくおこう。重石をしなくても塩の浸透圧で水きりでき、ほんのり塩味がつくというメリットも。後はペーパータオルで水気をふいてから衣をつけて。

豆腐

卵、豆腐、チーズのつまみ

〆はごはんを入れて
チーズリゾットに
しても！

チーズ

卵、豆腐、チーズのつまみ

小鍋で粋に酒を楽しむ、モダンな京風鍋。
ミルキーなチーズの鍋汁がクセになるおいしさ！

湯葉とねぎのチーズしゃぶしゃぶ

調理時間 5分

【材料】(2人分)

長ねぎ…1本
引き上げ湯葉(生)…4～5枚
だし汁…600ml
パルメザンチーズ…40g
塩、七味唐辛子、柚子こしょう…各適量

【作り方】

1. 長ねぎはなるべく薄く、長めの斜め切りにしてバラバラにする。湯葉は2～3cm幅に切る。
2. 土鍋にだし汁を煮立て、煮立ったらチーズをすりおろしながら（なければ粉チーズ）加える。
3. 塩で味をととのえ、各自ねぎと湯葉をしゃぶしゃぶする。七味や柚子こしょうをふって食べる。

ワザあり！

長ねぎはとにかく「長く、薄く、細く切る！」が鉄則。しゃぶしゃぶするときに箸で持ちやすく、食感もGOOD！ 湯葉の代わりに油揚げ(2枚)を使ってもいいし、大根やにんじんなどピーラーで切った野菜を入れてもおいしい。

カリカリッで
香ばしい匂いが
たまらない〜

アツアツでも冷めてもおいしいスピードつまみ。
呑みながらでも作れる簡単さで、リピート必至！

オニオンチーズロール

調理時間 5分

チーズ
卵、豆腐、チーズのつまみ

【材料】(2人分)

玉ねぎ…1/4個
ミックスチーズ…100g
塩…2つまみ
こしょう…たっぷり

【作り方】

1. 玉ねぎは薄切りにし、チーズとともにボウルに入れて塩、こしょうする。
2. フライパンに①を広げ、強めの中火にかける。チーズが溶けて端が焦げてきたら裏を見て、焼き色がしっかりついていたら端からクルクル巻く。
3. 食べやすい大きさに切って器に盛る。

ワザあり！

チーズの焼き始めは触らず、端が焦げるまでじっとガマンして。しっかり焼き色がついたら卵焼きを巻く要領でクルクル巻こう。

1分で完成！
チーズと卵のつまみ

短時間でも、アイデア次第で目にもおいしい洒落た一皿に！

砕くだけ

のっけるだけ

クリームチーズのポテチディップ

【材料】(2人分)

ポテトチップス…1カップ
香辛料(七味唐辛子、粉山椒、チリパウダー)…各適量
クリームチーズ(3cm角)…6個

【作り方】

ポテトチップスは細かく砕いて3等分に分け、香辛料をそれぞれに混ぜる。各自、チーズをポテチに押しつけてまぶしながら食べる。

チーズと洋なしのカナッペ

【材料】(2人分)

洋なし…1/4個
カマンベールチーズ…1/4個
クラッカー…4〜6枚
粗びき黒こしょう…適量

【作り方】

洋なし(皮をむく)とチーズは薄切りにする。クラッカーにのせ、こしょうをふる。

最強の1分つまみ **チーズと卵**

もずくの スクランブルエッグ

【材料】(2人分)

もずく酢…1パック
溶き卵…2個分
塩…ひとつまみ
サラダ油…大さじ1

【作り方】

もずく酢は汁気をきり、卵、塩とともに混ぜ合わせる。サラダ油を熱したフライパンで大きくかき混ぜながら炒める。

モッツァレラの生ゆば巻き

【材料】(2人分)

モッツァレラチーズ…小1個
引き上げ湯葉(生)…1枚
塩、こしょう…各少々
オリーブ油、好みで菊花…各適量

【作り方】

チーズは1cm角の棒状に切り、4等分に切った湯葉で巻く。塩、こしょう、オリーブ油をふり、好みで菊花を散らす。

モッツァレラの うに塩あえ

【材料】(2人分)

モッツァレラチーズ…1/2個
生うに…大さじ1
塩…少々
青じそ…1枚

【作り方】

チーズは1cm角に切る。うには塩を加えてつぶし、チーズをあえ、しその上に盛る。

1分で完成!
パン、豆腐、油揚げのつまみ

いつも家に常備している食材が、酒の進むつまみに大変身!

焼くだけ

のっけるだけ

ソースラスク

【材料】(2人分)

バゲット(細め)…1/4本
ウスターソース…大さじ1〜2
粉チーズ…少々

【作り方】

バゲットは1cm厚さの斜め切りにして片面にソースをぬり、チーズをふる。ソースの面を上にして、オーブントースターで軽く焼く。

たらことオリーブのブルスケッタ

【材料】(2人分)

たらこ…40g
オリーブ(緑・種なし)…4〜5粒
A(塩、こしょう…各少々
　オリーブ油…大さじ2)
バゲット(1cm厚さの薄切り)…適量

【作り方】

たらこはほぐし、オリーブは粗みじん切りにする。Aと混ぜ合わせ、バゲットにのせる。

最強の1分つまみ　パン、豆腐、油揚げ

えびせん白あえ

混ぜるだけ

【材料】(2人分)

木綿豆腐…1/4丁(約80g)
みそ…大さじ1/2
えびせんべい…1カップ

【作り方】

豆腐とみそは手でつぶしながら混ぜ合わせ、えびせんべいをあえる。

油揚げのマヨじょうゆ焼き

【材料】(2人分)

油揚げ…2枚
しょうゆ、マヨネーズ、青のり粉…各適量

【作り方】

油揚げはペーパータオルで押さえて油を吸い取る。焼き網にのせ、木ベラで押さえながら両面をこんがり焼く。片面にしょうゆ、反対面にマヨネーズをぬり、青のりをふる。

青のりとろろの塩辛やっこ

のっけるだけ

【材料】(2人分)

やまといも(または長いも)…40g
青のり粉…小さじ1
水…大さじ1
絹ごし豆腐…1/2丁
いかの塩辛…大さじ2

【作り方】

いもは皮ごとすりおろし、青のりを混ぜて水でのばす。豆腐を半分に切って器に盛り、青のりとろろ、塩辛を順にのせる。

焼くだけ

[著者紹介]

林 幸子　Yukiko Hayashi

雑誌や書籍、NHK『ためしてガッテン』や『妄想ニホン料理』などテレビ番組で活躍中の料理研究家。酒とつまみに精通し、アイデアつまみや、酒に合わせる名人技が酒業界でも評判に。料理教室「アトリエ・グー」主宰。グー先生の愛称で親しまれる。
【ブログ】http://gout.cocolog-nifty.com/

Staff

編集：嶺月香里
カバーデザイン：菊池 祐 (LILAC)　　本文デザイン：今住真由美 (LILAC)
[カバースタッフ] 撮影：福岡 拓　スタイリング：アトリエ・グー
[本文] 撮影：福岡 拓、日高正嗣、原ヒデトシ、竹内章雄　スタイリング：タカハシユキ

※本書は、2014年1月に小社より刊行した TJ MOOK『ワザあり！ つまみ名人』を改訂、再編集し、書籍化したものです

10分つまみ

2015年10月3日　第1刷発行
2022年12月21日　第3刷発行

著者　　林 幸子

発行人　蓮見清一

発行所　株式会社宝島社
　　　　〒102-8388　東京都千代田区一番町25番地
　　　　電話　営業 03(3234)4621／編集 03(3234)3691
　　　　https://tkj.jp
印刷・製本　株式会社光邦

本書の無断転載・複製を禁じます。
落丁・乱丁本はお取り替えいたします。

©Yukiko Hayashi, NTV, TAKARAJIMASHA 2015 Printed in Japan
First published 2014 by Takarajimasha, Inc.
ISBN978-4-8002-4620-2